BEI GRIN MACHT SICH IHR WISSEN BEZAHLT

Alternative Proof-of-Work-Konzepte in der Blockchain

Timothy Todd

Bibliografische Information der Deutschen Nationalbibliothek:

Die Deutsche Nationalbibliothek verzeichnet diese Publikation in der Deutschen Nationalbibliografie; detaillierte bibliografische Daten sind im Internet über http://dnb.d-nb.de abrufbar.

ISBN: 9783346321602
Dieses Buch ist auch als E-Book erhältlich.

© GRIN Publishing GmbH
Nymphenburger Straße 86
80636 München

Druck und Bindung: Books on Demand GmbH, Norderstedt Germany
Gedruckt auf säurefreiem Papier aus verantwortungsvollen Quellen

Das Buch bei GRIN: https://www.grin.com/document/974124

Alternative Proof of Work Konzepte in der Blockchain

Seminararbeit E-Business Strategies

Todd, Timothy

Master Wirtschaftsinformatik

Julius-Maximilians-Universität Würzburg

Lehrstuhl für BWL und Wirtschaftsinformatik

Josef-Stangl-Platz 2, 97070 Würzburg

Zusammenfassung

Diese Arbeit handelt um das Thema der verschiedenen Konsensmechanismen zum Verifizieren von Transaktionen in Blockchain Systemen. Das Ziel dieser Arbeit ist Alternativen des Proof of Work Konsensmechanismus zu nennen, deren Funktionsweise zu beschreiben und danach deren Anwendungen zu evaluieren.

Dabei werden insgesamt fünf Algorithmen analysiert und verglichen: Proof of Work, Proof of Stake, Proof of Activity, Proof of Capacity und Practical Byzanthine Fault Tolerance Systeme.

Zum Vergleich der Systeme sind drei in der Praxis relevante Eigenschaften gewählt worden: Resistenz gegenüber Manipulation, Performance und Wirtschaftlichkeit. Eine zusammenfassende Gesamtanalyse gibt die Ergebnisse in Form einer Tabelle wieder.

Die Schlussfolgerung am Ende dieser Arbeit zeigt auf, welche essentiellen Fragen folglich wichtig sind zur Auswahl des passenden Konsenssystems eines Blockchain Projektes.

Inhaltsverzeichnis

Abbildungsverzeichnis

Tabellenverzeichnis

Abkürzungsverzeichnis

BFT: Byzanthine Fault Tolerant

kWh: Kilowattstunde

Nonce: Number only used once

P2P: Peer to Peer

PBFT: Practical Byzanthine Fault Tolerance

PoA: Proof of Activity

PoC: Proof of Capacity

PoS: Proof of Stake

PoW: Proof of Work

TWh: Terrawattstunde

TX: Transaktion

Wh: Wattstunde

1 Einleitung

Informationssysteme übernehmen in der modernen, digitalisierten Welt viele Verwaltungsaufgaben. Deren Nutzer legen großes Vertrauen in einige charakteristische Eigenschaften der Systeme, wie beispielsweise Mehrfachnutzung und der korrekte Ablauf von Transaktionen. Zur Gewährleistung dieser Eigenschaften werden Mechanismen für Datenpersistenz und Datenintegrität benötigt. Persistenz bedeutet in diesem Zusammenhang, das Daten nicht willkürlich veränderbar sind.

Die Integrität eines Systems in der Informationstechnologie bestimmt hingegen die Qualität und die Zuverlässigkeit von Daten und Transaktionen. Dementsprechend beschreiben Integritätsbedingungen Voraussetzungen für Datentypen, Abhängigkeiten, Prozesse oder Konsensmechanismen, um die Integrität durch Änderungen konsistent zu halten. Ein bekanntes Beispiel für eine Integritätsbedingung ist die Schlüssel- und Fremdschlüsselbeziehung einer relationalen Datenbank. Im Falle einer verteilten Datenbank mit verschiedenen Knoten werden weitere Integritätsbedingungen benötigt, um die Datenbankkonsistenz zu bewahren. Im Falle einer Blockchain, die grundsätzlich eine dezentrale, verteilte Datenbank ist, wird die Integrität unter anderem durch sogenannte Konsensalgorithmen im gesamten Netzwerk hergestellt.

Im Ökosystem einer Blockchain gibt es dabei verschiedene Mechanismen, die den Konsens über eine gemeinsame Datenbasis bilden. Die Datenbasis sind hierbei Blöcke die, bildlich gesprochen, aneinandergeheftet werden. Jeder neue Block enthält dabei Informationen über vergangene Transaktionen, die über genannte Konsensalgorithmen verifiziert werden müssen Der bekannteste Algorithmus, welcher beispielsweise auch im Bitcoin-Netzwerk genutzt wird, nennt sich Proof of Work.

Im Rahmen dieser Arbeit wird der PoW Algorithmus rekapituliert sowie andere alternative Konzepte vorgestellt, die die Stabilität, Integrität und Konsistenz des Blockchain Systems sicherstellen. Nach der Reflexion der alternativen Konzepte, folgt im Hauptteil dieser Arbeit eine Diskussion über verschiedene Eigenschaften wie Skalierbarkeit, Transaktionsvorgang und Energieverbrauch sowie ein abschließender Gesamtvergleich.

2 Blockchain und Konsensverfahren

Zu Beginn dieser Arbeit werden kurz die Grundlagen der Blockchain Technologie sowie im Weiteren die allgemeine Funktionsweise von Konsensalgorithmen erläutert. Für eine tiefergreifende Einführung in das Thema Blockchain kann das Whitepaper von Satoshi Naktamoto (Nakamoto 2009) und das Diskussionspapier von Vincent Schlatt et al. (Schlatt et al. 2016) empfohlen werden.

Die Blockchain ist vergleichbar mit einer verteilten Datenbank in einem Peer to Peer (P2P) Netzwerk, bei welchem zusätzlich die Transaktionen über ein Netzwerk aus mehreren Teilnehmern ohne zentrale Steuerungskomponente verifiziert und persistent aufgezeichnet werden. Zur Kommunikation zwischen Knoten im Netzwerk werden zwei elementare kryptographische Konzepte genutzt: Das Public-Key-Verfahren und sogenannte Hash-Funktionen (Badev und Chen 2015: 7ff).

Bei dem genutzten Netzwerk wird zwischen einer Public Blockchain, einer Private Blockchain und Hybridlösungen unterschieden. Bei einer Public Blockchain kann jeder ein Teil des Netzwerks werden. Während ein Knoten Teilnehmer ist, kann dieser Daten senden und empfangen sowie Transaktionen validieren. Sowohl bei Privaten als auch bei Hybridlösungen sind die Validierungsprozesse von neuen Transaktionen durch eine oder mehrere kontrollierende Knoten bestimmt. Bei privaten Blockchains ist zusätzlich der Zugang zur Blockchain gesteuert (Plazibat 2016), bei Hybridlösungen sind die Teilnehmer meist in einem Unternehmen bzw. aus Wertschöpfungsnetzwerk (Voshmgir 2016: 16).

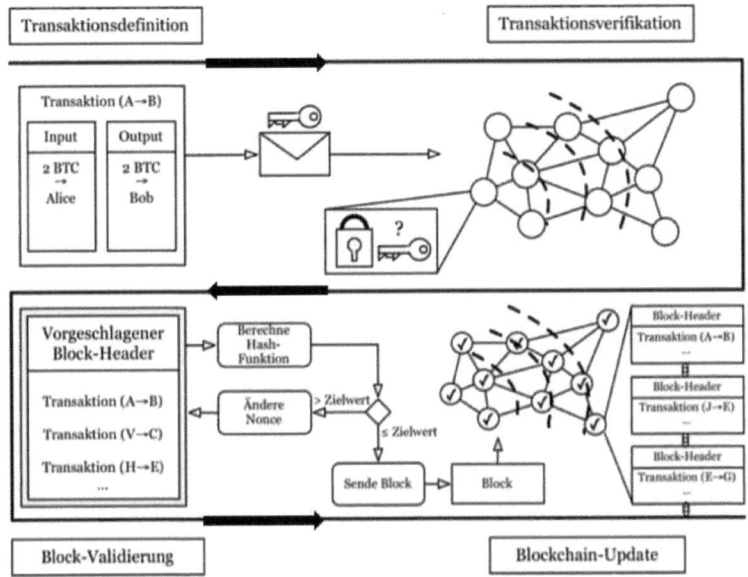

Abbildung 1 Transaktionsprozess mit dem PoW Verfahren am Beispiel Bitcoin (Schlatt et al. 2016: 11)

Der Transaktionsprozess ist in Abbildung 1 am Beispiel der Bitcoin Blockchain abgebildet. Wie zu erkennen ist, gibt es vier relevante Schritte, die nachfolgend kurz erläutert werden.

Jedem Teilnehmer des Netzwerks wird im Rahmen des Public Key Verfahrens ein Public Key und ein Private Key zur Verfügung gestellt. In der Phase der Transaktionsdefinition wird eine Nachricht für das Netzwerk definiert, die Informationen über die Güterübertragung (Transaktionsinputs und Transaktionsoutputs) von Nutzer A nach Nutzer B enthält sowie die Public Key Adressen beider Parteien. Der Private Key wird von Nutzer A benötigt, um die Transaktion digital zu signieren.

Im Verifikationsschritt wird nun von einem beliebigen weiteren Knoten im Netzwerk überprüft, ob die digitale Signatur gültig ist, ob die Inputdaten nicht für andere Transaktionen verwendet wurden und ob der Input gleich, kleiner oder größer dem Output ist.

Bei der Block-Validierung werden nicht-validierte Transaktionen verschiedener Teilnehmer zu einem Hash-Baum zusammengefasst, welcher wiederum ein Bestandteil des Block-Headers eines Blocks ist. Zusätzliche Bestandteile sind beispielsweise der Hash Wert des vorangegangen Blocks und eine Nonce (Schlatt et al. 2016: 12). In diesem Zusammenhang muss erwähnt werden, dass der Vorgang im Netzwerk nicht isoliert abläuft, sondern je nach Transaktion- und Teilnehmerzahl mehrere unbestätigte Blöcke entstehen. Durch verschiedenste Konsensverfahren, die im nächsten Kapitel vorgestellt werden, wird bestimmt, welcher Block gültig ist und als nächstes angefügt wird. Ein somit erreichter Konsens über valide Ergebnisse löst das in der Wissenschaft unter dem Namen Byzantinischer Fehler bzw. Byzantinische Generäle (Lamport et al. 1982) bekannte Problem von verteilten Informationssystemen (Schlatt et al. 2016: 13). Das heißt es kann eine bestimmte Anzahl von fehlerhaften oder schädlichen Knoten im System geben, ohne das Transaktionen dieser Knoten in die Blockchain übernommen werden sowie die Funktionalität und Stabilität des Systems gefährdet wird. Die Anzahl der maximal fehlerhaften Nodes f beträgt dabei $f = {}^{n\,-\,1}/_3$ wobei n die Gesamtanzahl der Knoten im System ist (Zhang 2014).

Sobald ein neuer Block durch den Konsensalgorithmus validiert wurde, wird dieser erneut an das Netzwerk gesendet und dessen Korrektheit überprüft. Sobald die Richtigkeit abgeglichen wurde, wird der neue Block in die Blockchain eines jeden Netzwerkknotens aufgenommen. (Schlatt et al. 2016: 13).

3 Vorstellung verschiedener Alternativen von Konsensmechanismen

Konsensmechanismen versprechen ein Byzanthin-Fehlertolerantes (BFT) dezentrales P2P System mit einer abgeglichenen Datenstruktur in jedem Netzwerkknoten. Obwohl alle Systeme dasselbe Ziel haben unterscheiden sich die Algorithmen deutlich. Fünf dieser Mechanismen werden in Kapitel 3 resümiert. Anschließend werden deren Eigenschaften auf Basis praktischer Anwendungsfelder diskutiert.

3.1 Proof of Work

Das ursprüngliche Konzept des PoW Verfahrens wurde 1993 von den Wissenschaftlern Dwork und Nior zur Regulierung von Junk-Emails entwickelt. Die Idee war das ein Email Absender (Nutzer) eine bestimmte Arbeit, die leicht zu überprüfen ist, gegenüber dem Email Provider (Anbieter) verrichten muss, um die Dienste in Anspruch zu nehmen (Dwork und Naor 1993). Weitere Grundlagen erarbeitete Adam Back in seiner Arbeit über Hashcash (Back 2002). Im Zusammenhang mit dem PoW Konsensverfahren sind die Nutzer sogenannte Miner und der Anbieter alle Knoten im Netzwerk, die die Arbeit verifizieren. Die Arbeit der Miner entspricht der Lösung eines asymetrischen mathematischen Rätsels, explizit die Lösung einer partiellen Hashinversion (Schulte und Prinz 2017: 17f).

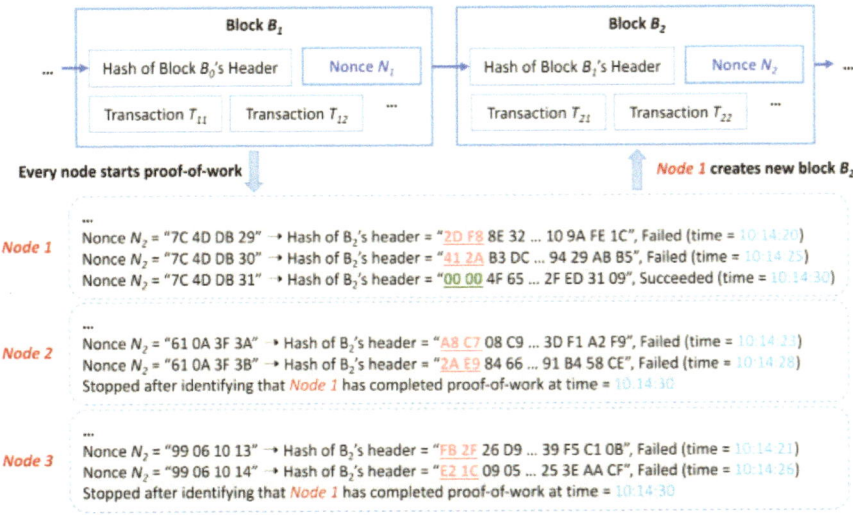

Abbildung 2: Beispielhafter PoW Algorithmus (Kuo et al. 2017: 1213)

Die Herausforderung liegt dabei in der Berechnung der richtigen Lösung einer Hash-Funktion. Die Hash Funktion bildet grundlegend aus einer Zeichenkette mit beliebiger Länge eine Zeichenkette fester Länge. Eine richtige Lösung der Hash-Funktion muss dabei bestimmte

Eigenschaften in der Zeichenkette besitzen, beispielsweise eine bestimmte Anzahl an führenden Null-Bits. Es muss also von dem Miner durch Einfügen verschiedener Nonce erraten werden aus welchem Input der Hash Wert mit der gesuchten Eigenschaft erzielt werden kann (Asolo 2018). Die Nonce ist dabei ein 32-Bit (in Abbildung 2 ein 64-Bit Wert), der als einziger bei jedem Versuch zum Finden der Lösung geändert werden kann. Eine Nonce kann durch ihre Indexnummer referenziert werden, welche zwischen 0 2^{64} liegt. Dieser Bereich ist die theoretische Anzahl an Möglichkeiten (Scott 2018). In Abbildung 2 findet der Leser eine exemplarische Darstellung der Abfolge des PoW Algorithmus. In diesem Beispiel war die Lösung eine Hash-Funktion mit vier voranstehenden 0-Bits. Das Ziel erreicht Knoten 1 bei dem 3. Versuch und erhält dafür das Recht den neuen Block B_2 an die Kette anzufügen (Kuo et al. 2017: 1213).

Im Bitcoin Ökosystem ist das genutzte Verschlüsselungsverfahren die Hash-Funktion SHA-256, weitere Verfahren sind RIPEMD-160 Scypt und Blake. Als Belohnung für das Lösen der richtigen Hash-Funktion erhält der Knoten eine festgelegte Entschädigung und die Transaktionsgebühren der Transaktionen des validierten Blocks (Misiak 2017; Schlatt et al. 2016: 14). Die Schwierigkeit, der zu lösenden Hashfunktion, wird im System kontinuierlich angepasst um eine gleichverteilte Anzahl an Blocks pro Stunde zu validieren (Schlatt et al. 2016: 14).

Ein Sonderfall tritt ein, wenn zwei Knoten A und B gleichzeitig die richtige Nonce zur Lösung der Hash Funktion finden. Tritt dieser Fall ein bilden sich vorerst zwei unterschiedliche Blockchains an diesen Nodes. Sobald der Knoten A einen weiteren Block validiert hat und damit höhere Rechenleistung erbracht hat, wird die Blockchain dieses Knotens in das gesamte Netzwerk übernommen und ersetzt die kürzere von Knoten B. Bei diesem Vorgang kann eine Transaktion, wie beispielsweise von Bob und Alice aus Abbildung 1, wieder zurück auf den Stand einer unbestätigten Transaktion zurückfallen (Zohar 2015). Hierbei entsteht eine sogenannte Double Spending Problematik, wodurch das Netzwerk manipulierbar wird. Diese wird in Kapitel 4.4 näher besprochen wird. Eine bekannte Anwendung für das Proof of Work Konsensverfahren ist die Bitcoin Blockchain. Im Weiteren wird diese praktische Anwendung für den Vergleich der Eigenschaften dienen.

3.2 Proof of Stake

Ein weiteres, bekanntes Konsensverfahren ist das Proof of Stake (PoS) Verfahren. Im Vergleich zum Arbeitsnachweise beim PoW Verfahren, werden hier Transaktionen validiert durch einen Konsensmechanismus, der auf dem wertmassigen Anteil am Netzwerk beruht. Neue Währung wird folglich nur durch den Besitz (Staking) generiert (Misiak 2017) bzw. es werden alle Tokens bis zu einem festgesetzten Maximum beim Start der Blockchain in den Umlauf gebracht und somit werden die Validierungsknoten nur mit den anfallenden Transaktionsgebühren bezahlt (Verhoelen 2017). Die Konsensfindung findet bei diesem Verfahren ebenfalls über die Validierung mithilfe des richtigen Hashwertes statt. Jedoch wird die Schwierigkeit (D) den richtigen Wert zu finden, wie folgt bestimmt:

$$D = \frac{1}{T} \sum bal(a)$$

Das heißt die Schwierigkeit den richtigen Wert zu finden ist gekoppelt an die Summe der Währung im Umlauf $\sum bal(a)$ und der zu erwartenden Zeit (T) zwischen der Validierung von zwei Blöcken (BitFury Group 2015).

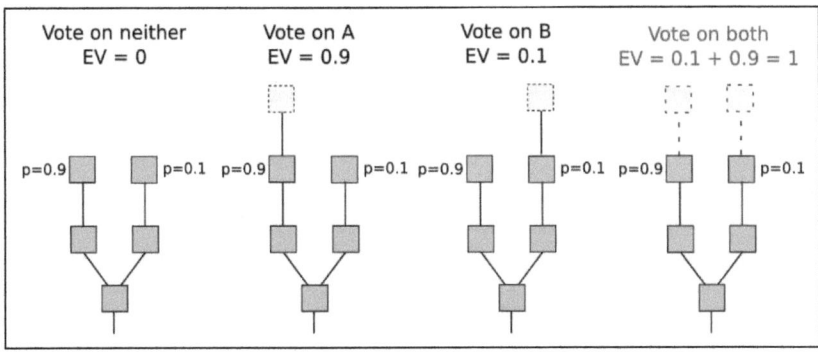

Abbildung 3 "Nothing at Stake" Problematik beim Proof of Stake Verfahren (S3ndal3 2018)

Es liegt im allgemeinen Interesse des Miners so viele Blöcke wie möglich zu validieren. Außerdem ist die Validierungswahrscheinlichkeit nicht wie bei dem PoW abhängig von der Rechenleistung. Die die logische Konsequenz ist folglich, dass ein Knoten versucht so viele Blöcke wie möglich auf unterschiedlichen Ketten anzufügen, um somit den größtmöglichen Gewinn zu machen. Diese Problematik führt zu dem sogenannten „Nothing at Stake" Problem (S3ndal3 2018), das in Abbildung 3 zu erkennen ist. Auswirkungen dieses Problems werden näher in Kapitel 4 behandelt. Eine bekannte Anwendung findet das Proof of Stake Verfahren in der Ethereum Blockchain mit der Version Casper, die aber zum Zeitpunkt dieser Arbeit noch in einer Übergangsphase ist. Weitere praktische Umsetzung des Verfahrens findet sich in dem Blockchain-Projekt Cardano (o.A. 2018; Kiayias et al. 2017). Da die Übergangsphase vom PoW zum PoS bei der Ethereum Blockchain noch nicht vollständig abgeschlossen ist, wird die Cardano Blockchain für den Vergleich herangezogen.

3.3 Proof of Activity

Das Konsensverfahren Proof of Activity ist eine Verknüpfung des PoW und des PoS Mechanismus. Die ursprünglich auf das Bitcoin Protokoll aufbauende Erweiterung versucht die

Vorteile beider Systeme zu verbinden und die Schwachstellen zu verringern(Bentov et al. 2014: 1f; Negin 2018). Im Folgenden wird nun der Verifizierungsprozess im PoA Verfahren vorgestellt.

1. Im ersten Schritt versucht ein Minerknoten durch Rechenleistung, ähnlich wie beim PoW Verfahren, einen richtigen Block Header durch das Lösen der Hash Funktion zu finden. Dieser Header besitzt noch keine Referenz zu Transaktionen. Sobald ein passender Block Header gefunden wurde, wird dieser an das Netzwerk gesendet.

2. Alle Netzwerkknoten nehmen nun Bezug auf diesen Hash des Block Headers als Daten, die von N pseudozufällig ausgewählten Stakeholdern hergeleitet wurden.
Die Herleitung findet dabei statt, indem der aktuelle Hash mit dem Hash des vorherigen Blocks und N-festen Werten verknüpft wird, die Menge dieser N-Anzahl an Kombination gehasht wird und dann eine Subroutine namens „follow-the-satoshi"[1] mit den N-Kombinationen an Hashes aufgerufen wird.

3. Jeder Stakeholder, der gerade online ist, untersucht die Validität des leeren Block-Headers. Er untersucht dabei, ob dieser den Hash des vorherigen Blocks und die Lösung die geforderte Schwierigkeit besitzt. Weiterhin prüft der Stakeholder, ob er einer der N ausgewählten Knoten ist. Sobald N-1 Knoten herausfinden, dass der Block von ihnen hergeleitet wurde, signieren diese den Block mit ihrem Private Key und senden ihre Signatur an das Netzwerk. Sobald der N-te Knoten anschließend herausfindet, dass der Block von ihm hergeleitet wurde, fügt dieser dem leeren Block Header eine beliebige Anzahl an Transaktionen, seine Signatur und die Signatur der anderen N-1 Knoten hinzu.

4. Der N-te Knoten schickt den vollständigen Block anschließend an das Netzwerk. Sobald die Teilnehmer erkennen, dass es sich um einen validen Block handelt, wird dieser als zulässige Erweiterung der Blockchain anerkannt. Ähnlich wie beim PoW, ist die längste Blockchain gemessen am Rechenaufwand die, die übernommen wird. Die Einnahmen der Transaktionsgebühren des N-ten Knotens werden nach der Validierung zwischen dem Minerknoten, der die richtige Hash Funktion gefunden hat, und den N Stakeholdern aufgeteilt (Bentov et al. 2014: 6).

Die zufällige Auswahl der N-ausgewählten Stakeholder ist dabei abhängig von der Menge an virtueller Währung, die der Knoten aktuelle besitzt. Ein Knoten erhält eine höhere

---

[1] Die „Follow the satoshi" Subroutine ist eine komplexe Routine, welche eine pseudozufälligen Wert in Satoshi umwandelt. Satoshi ist dabei die kleinste Einheit im Bitcoin Ökosystem. Die zufällige Anzahl an Satoshis wird dann gleichmäßig an alle bisher geminten Satoshis, bzw. an die Adresse der aktuellen Besitzer verteilt. (Bentov et al. 2014: 5)

Validierungswahrscheinlichkeit bzw. wird als N-Stakeholder wahrscheinlicher gewählt, je mehr Kapital er besitzt. Ist es einem der N-Validierungsknoten nicht möglich den Block zu validieren, beispielsweise weil dieser offline ist, verfällt der Block (Negin 2018). Da außerdem nur die Knoten für ihre Arbeit im Prozess belohnt werden, die durchgängig erreichbar sind und das Netzwerk unterstützen, wird der Mechanismus Proof of Activity genannt (Bentov et al. 2014:)

Es lässt sich erkennen, dass im Prozess sowohl Elemente des Proof of Work (Schritt 1) als auch des Proof of Stake (Schritt 3) Konsenssystems vorhanden sind. Es handelt sich hierbei folglich um ein Verfahren mit zwei Kommunikationsdurchgängen, statt wie bei PoW bzw. PoS einem (Bentov et al. 2014: 6). Eine Blockchain die diesen Mechanismus in der Praxis nutzt ist unter dem Namen Decred bekannt (Buterin 2014).

3.4 Proof of Capacity

Das Proof of Capacity, bzw. auch unter dem Namen Proof of Space (Dziembowski et al. 2013) bekannte, Konzept ähnelt dem PoW Verfahren und besteht aus zwei Teilen. Im ersten Teil wird mithilfe des sogenannten Plottings eine Plot Datei im Node erstellt, welche durch wiederholtes Hashing Noncen in der Plot Datei speichern. Die auszuführende Hashing-Funktion beim PoC Verfahren ist die Shabal Funktion (Canteaut et al. 2008: 20ff). Im Vergleich zu dem SHA-256 ist dieses Verfahren deutlich langsamer und schwieriger. In Abbildung 4 wird der Aufbau einer Nonce gezeigt. Wie zu erkennen ist besitzt eine Nonce immer 8192 Hashwert, wobei immer zwei Hashwerte zu einem Scoop zusammengefasst werden. Jeder Scoop erhält in der Nonce eine Nummer von 0 bis 4095 und einen 64-Bit Wert gebildet aus zwei Hashwerten.

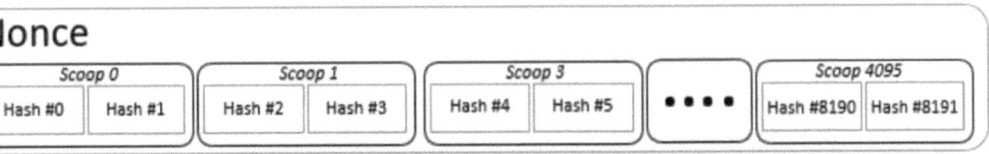

Abbildung 4 Aufbau einer Nonce in der Plot Datei (Andrew 2018)

Da die Plot Datei auf dem Rechner des Knotens gespeichert wird, ist die Größe der Datei und damit die Menge der verfügbaren Noncen abhängig vom verfügbaren Speicherplatz auf der Festplatte (Andrew 2018). Die Idee bei diesem Verfahren ist, das der Plotting Prozess, das heißt die Arbeit, die für das Validieren eines Blocks benötigt wird, nur ein einziges Mal verrichtet wird. Der Ablauf des zweiten Teils wird in Abbildung 5 gezeigt. Zuerst werden weitere Informationen über den aktuellen Block herangezogen. Dazu gehören die sogenannte „Generation Signature" des letzten Blocks, das „Base Target" und die „Blockheight". Die „Blockheight" gibt dabei die aktuelle Blockanzahl an. Der „Base Target"-Wert stellt die Schwierigkeit des aktuellen Blocks dar und wird aus den letzten 24 validen Blöcken gebildet.

Mit diesen Informationen bildet ein Knoten einen „Generation Hash", aus welchem sich wiederum eine bestimmte Scoop-Nummer bildet. Im Folgenden werden die Scoop-Werte aller Nonces mit der aufgetretenen Scoop-Nummer mit einer neuen „Generation Signature" gehasht und ergeben zusammen einen „Target"-Wert. Das Teilen dieses Wertes durch den „Base-Target"-Wert ergibt den „Deadline"-Wert. Der „Deadline"-Wert gibt die Zeit in Sekunden an, die vorübergehen muss, um als Knoten einen neuen Block zu validieren. Wenn in diesem Zeitraum kein anderer Teilnehmer einen kürzeren „Deadline"-Wert besitzt hat der Knoten das Recht den aktuellen Block zu validieren und eine entsprechende Entschädigung zu erhalten (Scott 2018; Andrew 2018; Quibus 2017).

Eine Implementierung dieses Konsensverfahren findet sich beispielsweise im Projekt Burst-Coin (Gauld et al. 2017).

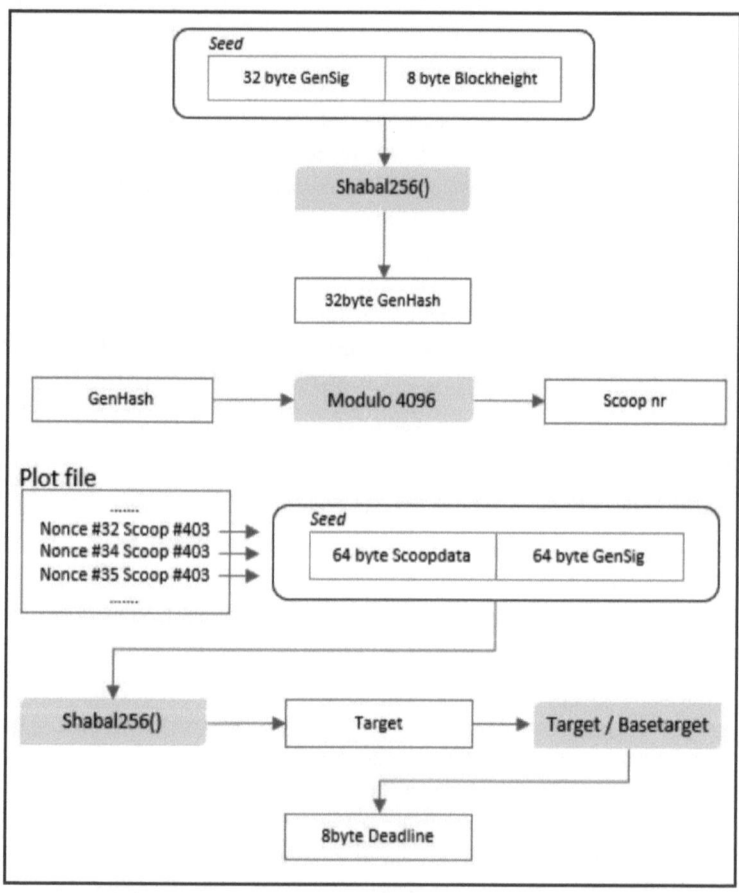

Abbildung 5 Ablauf des Mining Prozess im PoC (Quibus 2017)

3.5   Practical Byzanthine Fault Tolerance

Dieser Algorithmus beruht auf der Arbeit von Castro und Likov (Castro und Liskov 1999). Die Umsetzung der Theorie findet sich in dem Projekt Hyperledger (Voell David et al. 2016) wieder, eine von der Linux Foundation entwickelte Blockchain. Bei allen bisher vorgestellten Konsenssystemen und deren Blockchain werden byzantinische Fehler lediglich durch ihre jeweiligen Mechanismen vermieden.

Das PBFT hingegen kann aktiv Konsens erreichen, auch wenn byzantinische Fehler im System vorhanden sind. Die Idee ist, dass mindestens $3f + 1$ funktionierende Replikate gebildet werden, um f fehlerhafte Knoten zu tolerieren (Baliga 2017: 9). In Abbildung 6 ist der Verifikationsablauf einer Transaktion im Hyperledger Netzwerk gezeigt. Im Allgemeinen sind im System drei Arten von Knoten vorhanden. Klienten, ein Leader- und mehrere Validierungsknoten, welche auch oft als Replicas bezeichnet werden. Für das PBFT System werden die letzteren zwei benötigt. Der Leader-Node fasst alle Transaktionen bei dem Erreichen einer bestimmten Größe oder nach einer bestimmten Zeit zu einem Block zusammen (Nguyen Giang-Truong und Kim Kyungbaek 2018: 117).

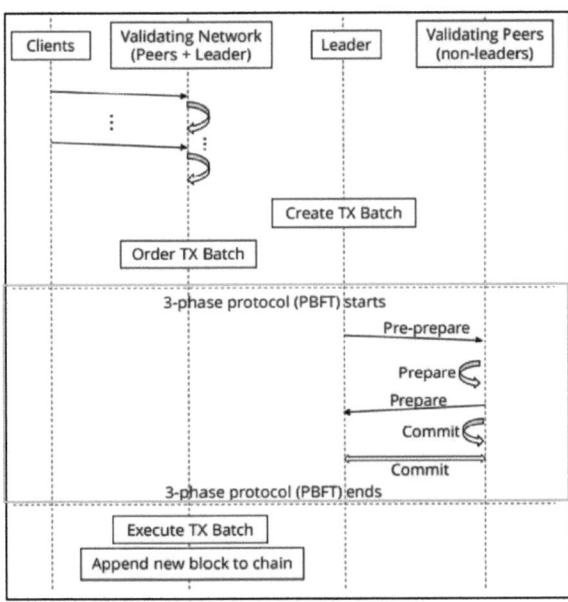

Abbildung 6 Transaktionsablauf im Hyperledger Fabric mit PBFT Algorithmus (Nguyen Giang-Truong und Kim Kyungbaek 2018: 117)

Der Ablauf des eigentlichen PBFT Konsenssystems ist in der Abbildung mit gelber Farbe markiert. Der Algorithmus beginnt mit einer Pre-Prepare Phase in welcher der vom Leader-Node angefertigte Block mit Absendersignatur auf die übrigen Validierungsknoten verteilt und lokal gespeichert wird. Um zu überprüfen, ob der Block zulässig ist, wird dieser im Rahmen der Prepare-Phase an alle anderen Validierungsknoten geschickt und anschließend in der Commit-Phase nochmals an das gesamte Validierungsnetzwerk gesendet. Wenn nun mindestens 3f+1, d.h. mehr als 2/3, von allen Knoten angeben den selben Block zu besitzen, wird die Commit-Phase beendet. Daraufhin wird der neue Block an die Blockchain angefügt und den Clienten mitgeteilt, dass die Transaktion validiert wurde (Nguyen Giang-Truong und Kim Kyungbaek 2018: 117).

Hyperledger ist das einzige Projekt in dieser Arbeit, welches ohne interne Währung bzw. Token funktioniert. Im Vergleich zu den vorher genannten Systemen wird das PBFT in sogenannten „Permissioned", also zulassungsbeschränkt, Netzwerken eingesetzt. Im Vergleich zu offenen Systemen bei denen ein gesamtheitlicher Konsens durch Verfahren wie PoW und ähnliche verifiziert werden müssen, wird im PBFT ein Konsens für jede einzelne Transaktion gefunden. Man spricht hierbei von einem Konsens auf Transaktionslevel statt auf einem Konsens auf Registerbasis. Aus diesem Grund benötigt Hyperledger keine Art von Kryptowährung, da kein Knoten für seine Arbeit belohnt werden muss (Meiremans 2018).

Alle Konsensmechanismen haben gemeinsam, dass sie in verteilten Systemen möglichst hohe Sicherheit und Fehlertoleranz bieten wollen. In der Praxis finden sich oft neue Probleme durch die Voraussetzungen, die der jeweilige Algorithmus mit sich bringt. Für eine Auswahl des richtigen Systems ist es deshalb sinnvoll die Charakteristika zu evaluieren.

4 Vergleich in der praktischen Anwendung

Der Vergleich der verschiedenen Systeme wird im weiteren Verlauf anhand von vier Eigenschaften ablaufen. Zu Beginn wird die Manipulierbarkeit des Systems untersucht, anschließend die Skalierbarkeit des Netzwerkes sowie eine Bewertung der Wirtschaftlichkeit. Zu guter Letzt werden essentielle Probleme und Besonderheiten genannt, die die Systeme mit sich bringen. In einer vergleichenden Gesamtanalyse werden die Ergebnisse der Punkte 4.1 bis 4.3 in Tabellenform zusammengefasst. Jedes System wird in diesem Abschnitt von 1: Sehr gute Ausprägung, bis 5: Mangelhafte Ausprägung beurteilt.

4.1 Manipulierbarkeit des Systems

Für ein dezentrales System zur Verwaltung von Transaktionen wird ein Konsenssystem benötigt, um über die Aufnahme von Richtigen und der Ablehnung von schädlichen Transaktionen zu bestimmen. Vice versa muss das Konsenssystem gewährleisten, das keine Manipulation im Netzwerk stattfindet. Das Vertrauen in das System wird anhand von drei Faktoren beurteilt: Schutz gegen 51% Angriffe (S. 2018), das heißt wie leicht ist es für den Angreifer eine Mehrheit im Konsens zu bilden und dementsprechend über Validität einer Transaktion zu entscheiden. Zweitens in wie weit wird die „Nothing at Stake" Problematik (S3ndal3 2018), also das Unterstützen von mehreren, konkurrierenden Zweigen einer Blockchain, verhindert. Schließlich wird noch die Gefahr von sogenannten „Longe Range" Attacken untersucht die es in jedem Blockchain-System gibt. Ein derartiger Angriff versucht durch eine künstliche Verzweigung der Blockchain, die möglichst weit in der Vergangenheit liegt, die Transaktionshistorie zu verändern (Deirmentzoglou 2018).

Im Allgemeinen kann der Proof of Work Mechanismus durch Halten von 50% oder mehr Rechenleistung im Netzwerk manipuliert werden, da hierdurch die Bestätigung aller Transaktionen im Netzwerk kontrolliert werden. Auswirkungen der Manipulation sind beispielsweise das Stoppen der Ausführung und die zweifache Ausführung von Transaktionen. Dies ist in der Literatur unter dem Namen „Double Spending Problem" bekannt. (Gervais et al. 2014: 3). In Abbildung 7 ist die Hash-Raten Verteilung der größten Bitcoin Mining Pools veranschaulicht. Diese Rechnerfarmen leisten die Validierungsarbeit des PoW-Verfahrens für das Bitcoin-Ökosystem.

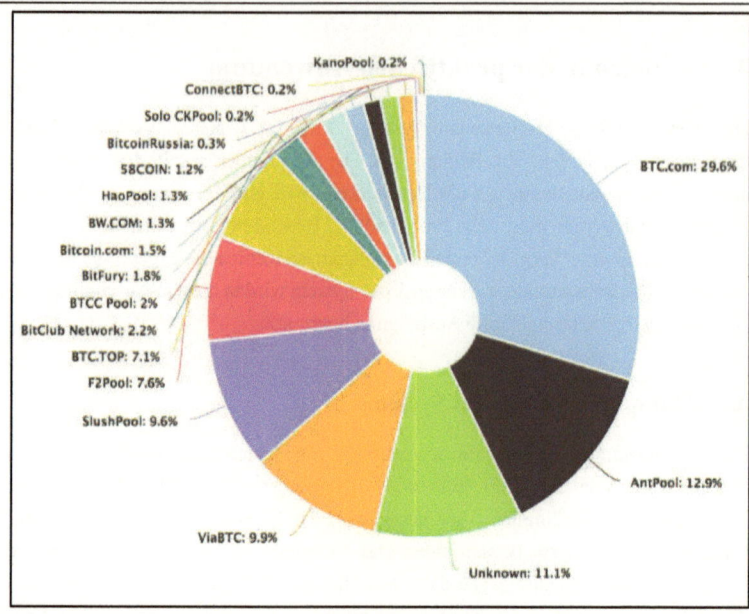

Abbildung 7 Hash-Raten Verteilung der größten Bitcoin Mining Pools (Blockchain Luxembourg S.A. 2018)

Wie zu erkennen ist, gibt es einige sehr große Mining Pools, der größte mit fast 30% Anteil und mehrere zwischen 9% und 13%. Das heißt eine akute Gefahr einer Manipulation ist gegeben, wenn sich drei oder mehr große Mining Pools zusammenschließen. Der PoW Mechanismus sorgt weiterhin dafür, dass es sich für die Netzwerkknoten nicht lohnt Splitterungen der Hauptkette zu unterstützen. Der Grund dafür liegt in der benötigten Rechenleistung für das richtige Hashing. Durch jede Splitterung muss ein Knoten doppelt so viel Rechenleistung aufwenden, um weiterhin dieselbe Wahrscheinlichkeit für das Hashing zu besitzen. Weiterhin ist bei dem Verfahren auch eine „Longe Range Attack" in der Praxis ausgeschlossen, da hierfür alle Netzwerkknoten mit extrem hoher Rechenleistung überzeugt werden müssten, dass die manipulierte Kette die richtige ist.

Allgemein ist der Proof of Stake Mechanismus in der Theorie deutlich mehr gefährdet für „Longe Range" und „Nothing at Stake" Angriffe als bei dem PoW. Im Proof of Stake werden die Transaktionen von Knoten validiert, die pseudozufällig nach ihrem aktuellen Stake ausgewählt werden. Da die Validierung nicht von der Rechenleistung abhängig ist, macht es für einen Knoten theoretisch mehr Sinn, mehrere unterschiedliche Ketten simultan zu validieren. Cardano hat gegen diese „Nothing at Stake" und „Longe Range" Angriffe laut Whitepaper bestimmte Vorkehrungen in den Code geschrieben, um sogenannte Forks, also eine Splitterung der eigentlichen Blockchain, unattraktiv zu machen. Generell wird aber immer davon ausgegangen, dass eine ehrliche Mehrheit an Stakeholdern existiert (Kiayias et al. 2017: 46ff). Eine Manipulation durch einen 51% oder mehr Angriff ist im Vergleich zum deutlich schwieriger, da es für den Angreifer bei einem einzigen Versuch so viel Kostet wie ein dauerhafter Angriff im PoW System (Buterin 2016).

Im Vergleich zu den beiden vorher genannten Algorithmen ist der PoA Mechanismus durch Elemente von PoW und PoS doppelt gegen 51% Angriffe geschützt, da ein Manipulator 51% der Hash-Raten Verteilung und parallel die Mehrheit an Währung besitzen (Walters 2018). Weiterhin ist die Gefahr von „Double-Spending" Angriffen, welche aus der „Nothing at Stake" Problematik entstehen, deutlich geringer einzuschätzen (Bentov et al. 2014: 13ff).

Im Proof of Capacity System sind, wie im Kapitel vorher beschrieben, alle Hashes für das Mining vorberechnet. Theoretisch ist es für einen Minerknoten also, wie bei dem PoS Verfahren, interessant Transaktionen auf mehreren parallelen Ästen validieren. D.h. auch in diesem System ist die Gefahr der „Nothing at Stake" Problematik gegeben. Jedoch ist ein derartiger Angriff und die folgende Validierung von Knoten einer bzw. mehreren parallelen Chains in zweierlei Hinsicht nicht sinnvoll. Erstens verliert das Netzwerk vollständig sein Vertrauen, wodurch in der Folge kein Knoten mehr für die Validierung bezahlt wird. Außerdem ist in der praktischen Umsetzung des Burst Coins die Problematik so geregelt, dass ein vertrauenswürdiger Knoten belohnt wird, wenn er einen schädlichen Knoten verrät. Die Gefahr eines 51% Angriffs ist tendenziell etwas höher einzuschätzen als bei dem PoW Mechanismus, da sich theoretisch mehrere Miner zusammenschließen können indem die geplotteten Hashes geteilt werden. Die Argumente gegen einen 51% Angriff sind jedoch dieselben wie bei einem „Nothing at Stake" Angriff (Czarnek 2017).

Bei einem System mit PBFT, wie beispielsweise Hyperledger, handelt es sich um ein so genanntes „Permissioned" Konsenssystem. Im Vergleich zu den anderen genannten „Permissionless" Mechanismen, bei denen jeder am Konsensalgorithmus teilnehmen kann, sind im „Permissioned" System nur eine gewisse Anzahl an Knoten zugelassen. Über die Autorisierung neuer Knoten im Netzwerk und die Vergabe von Lese- und Schreibrechte entscheiden zuvor festgelegte Knoten (Strukhoff 2017). Diese Art der Blockchain wird deshalb auch oft mit Konsortium-Blockchain bezeichnet. Durch die getätigte Auswahl der teilnehmenden Knoten besteht Vertrauen diesen gegenüber. Ein Netzwerk dieser Art besitzt deutlich weniger technische Vorkehrungen Manipulation, viel mehr reguliert sich das System über ihre soziale Komponente. Das heißt ein Knoten, der einen Manipulationsversuch startet, wird vom Netzwerk ausgeschlossen. Weiterhin können selbst bei einem manipulativen Eingriff in das Netzwerk durch das 3-Phasen Commit Protokoll bis zu 1/3 der Knoten schädlich sein ohne, dass das System zusammenbricht.

4.2 Skalierbarkeit und Performance des Netzwerks

Die Skalierbarkeit und Performance des Netzwerkes wird bewertet indem die Transaktionen pro Sekunde der verschiedenen Anwendungen miteinander verglichen werden. Die

Skalierbarkeit selbst ist deutlich von dem genutzten Konsensmechanismus abhängig. Oft ist jedoch in der Literatur im Rahmen der Vorstellung einzelner Blockchain Projekte nur eine tendenzielle Angabe der Transaktionsgeschwindigkeit zu finden. Weiterhin muss immer vor Augen gehalten werden, dass sich die die praktischen Umsetzungen in ihrem gewünschten Einsatzgebiet unterscheiden. Im Allgemeinen lässt sich die Transaktionsgeschwindigkeit zurückführen auf drei Faktoren: Die Blockgröße, die Block Zeit und die durchschnittliche Größe einer Transaktion. Dies sind wichtige Faktoren, welche in jedem System unterschiedlich gehandhabt werden. Weiterhin lässt sich die Transaktionsgeschwindigkeit unterscheiden in die durchschnittliche Transaktionsgeschwindigkeit, die reale Transaktionsgeschwindigkeit, die theoretisch Mögliche (O'Keeffe 2018; XBCADMIN 2017). Die Angaben in folgender Abbildung sollen deshalb nur eine tendenzielle Übersicht über die durchschnittliche Transaktionsgeschwindigkeit der Netzwerke geben.

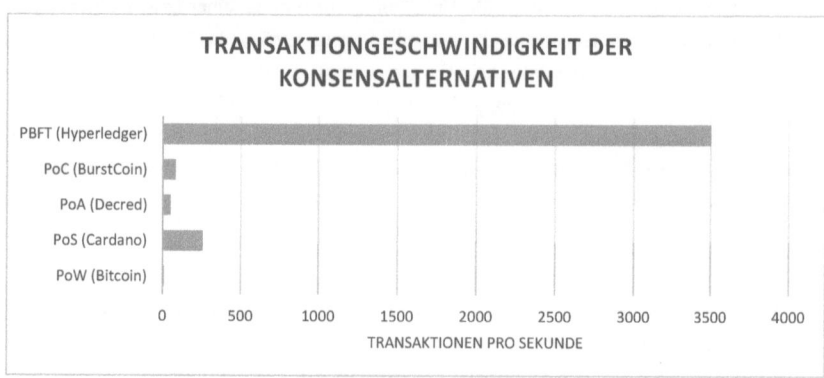

Abbildung 8 Transaktionsgeschwindigkeit der Konsensalternativen

Als Vergleichswerte für reale Anwendungen außerhalb der Blockchain Technologie können die Dienstleister Visa und Paypal herangezogen werden. Visa bietet hierbei eine Transaktionsgeschwindigkeit von 1.667 TX / Sek laut Bericht aus dem Jahr 2016 (Vermuelen 2016). Paypal hingegen verarbeitete im Jahr 2016 6.1 Milliarden Transaktionen, umgerechnet folgt daraus eine durchschnittliche Transaktionszeit von 193 TX / Sek. Es lässt sich erkennen, dass sich die Transaktionsgeschwindigkeiten im Rahmen von Blockchain Anwendungen bewegen. Jedoch sollen diese Werte nur als Anhaltspunkte dienen. Ein effektiver Vergleich macht keinen Sinn, da sich es sich hierbei um zentralisierte Systeme handelt und sich die architektonische Struktur der Systeme zu stark unterscheidet.

In nachfolgender Tabelle findet der Leser die Quellenangabe für die genutzte Abbildung.

Tabelle 1 Quellenangabe der Transaktionsgeschwindigkeiten

	Transaktionen / Sekunde	Quelle
PoW (Bitcoin)	7	(Bano et al.)
PoS (Cardano)	257	(Hypedadmin 2018)
PoA (Decred)	132	Eigene Schätzung[2]
PoC (BurstCoin)	80	(PoC Consortium Members 2018)
PBFT (Hyperledger)	3500	(Vukolic 2018)

Für den Gesamtvergleich wird die Transaktionsgeschwindigkeit wie folgt bewertet:

- Sehr gute Ausprägung: ≥ 1.000 TX / Sek
- Gute Ausprägung: 250 - 999 TX / Sek
- Befriedigende Ausprägung: 50 - 249 TX / Sek
- Ausreichende Ausprägung: 5 - 49 TX / Sek
- Mangelhafte Ausprägung: 1 - 5 TX / Sek

Zusätzlich muss in diesem Punkt angemerkt werden, dass die Skalierbarkeit oft stark variiert. Unter anderem bieten Systeme wie Bitcoin beispielsweise Zugang zu Priorisierung einzelner Transaktionen. Eine Transaktion kann dabei beschleunigt werden, indem der Sender eine höhere Transaktionsgebühr zahlt (Schwarz 2018). Weiterhin schwanken die Werte stark je nach Anzahl der Validierungsknoten im Netzwerk (Bano et al.: 5). Abgesehen davon werden die Netzwerke und Konsensalgorithmen tagtäglich weiterentwickelt, um eine bessere Performance zu bieten. Exemplarisch kann hier das Lightning Network (Poon und Dryja 2016) im Bitcoin Ökosystem genannt werden, welches die Transaktionsgeschwindigkeit in Zukunft deutlich steigern wird.

---

[2] Da der Autor keine Quelle zur gesuchten Größe gefunden hat, wird davon ausgegangen, dass sich die Transaktionszeit zwischen der Transaktionszeit von PoS und PoW befindet

---

4.3   Ressourcenbedarf und Wirtschaftlichkeit

In Zeiten und steigenden Energiekosten und Möglicher Ressourcenknappheit in Zukunft, sollte eine neuartige Technologie diesen Punkt als wichtige erachten. Für eine private als auch gewerbliche Anwendung darf der Wirtschaftlichkeitsgedanke nicht außer Acht gelassen werden. Wie der Leser in Abbildung 9 erkennen kann, gab es zwischen September 2017 und Juni 2018 einen Anstieg des durchschnittlichen Jahresverbrauchs von über 50 TWh. Schon hier wird der extrem Hohe und gleichzeitig steigende Ressourcenverbrauch des PoW Algorithmus deutlich.

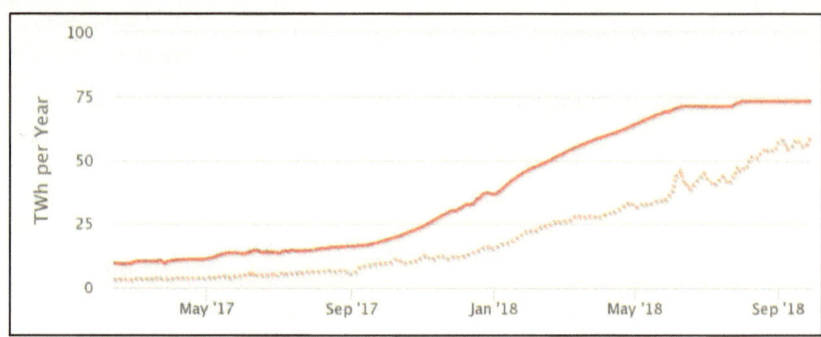

Abbildung 9 Bitcoin Energy Consumption Index Chart (BitcoinEnergyConsumption 2018)

Als quantitative Kennzahl wird für die Analyse des Ressourcenbedarfs der durchschnittliche Jahresverbrauch berechnet. Auch in diesem Punkt werden einige Angaben geschätzt und vereinfachte Annahmen getroffen. Die Ergebnisse sind folglich wiederum nur Richtwerte, die Grundlage für die Bewertung sind. Im Folgenden wird nun kurz erläutert, wie der Jahresverbrauch für jedes System geschätzt wurde.

Für den Jahresverbrauch des PoW-Systems wird die aktuelle Angabe des Bitcoin Energy Consumption Index dienen. Die aktuelle Anzahl der Miningknoten beträgt in diesem Netzwerk 9969 Knoten (Yeow 2018).

Im Vergleich dazu benötigt der PoS Algorithmus im Beispiel Cardano nur Energie für das Betreiben des Computers. Die Nennleistung von aktuellen PC-Netzteilen bewegt sich im Rahmen von 300-1000 WH, für diese Arbeit wird deshalb ein durchschnittlicher Verbrauch von 650 Wh herangezogen. Aus diesem Wert ergibt sich ein geschätzter Jahresverbrauch von 5700 $kWh/_{Jahr}$ pro Node.

Im Decred Netzwerk gibt es momentan 231 aktive Knoten (o.A.). Außerdem ist die Belohnung für das Validieren in diesem Hybridnetzwerk aufgeteilt zwischen 60% für PoW, 30% für PoS und 10% Gebühren für die Entwickler. Es kann also davon ausgegangen werden, dass auch nur 60% der Hashing-Leistung im Vergleich zum Bitcoin Netzwerk genutzt wird:

$$Jahresverbrauch\ (Decred)\ \left[in\ {}^{kWh}/_{Jahr}\right] = \frac{7,5*10^6}{9969} * 231 * 0,6 = 104,2\ 10^3$$

Bei dem Proof of Capacity Mechanismus ist es für den Validierungsknoten interessant möglichst großen Festplattenspeicher für die Plot-Datei zu besitzen. Deshalb muss hier zusätzlich zu dem durchschnittlichen Verbrauch aus dem PoS auch der Stromverbrauch der Festplatte jedes Knoten mit einfließen. Als Festplatte ist die Seagate Barracuda 3TB gewählt worden. Für den zusätzlichen Aufwand folgende Rechnung getätigt:

$$Zusätzlicher\ Aufwand\ [in\ Wh] = \frac{Gesamtspeicher\ Netzwerk}{Anzahl\ Knoten} * \frac{Stromverbrauch\ Festplatte}{Kapazität\ Festplatte} \approx 35$$

Wobei,   Gesamtspeicher im Netzwerk = 1391,1 TB

              Anzahl Knoten   = 108

              Stromverbrauch Festplatte $= 8\ {}^{W}/_{h}$

              Kapazität Festplatte   = 3 TB

Diese zusätzlichen 35 Wh werden zu den angenommenen durchschnittlichen 650 Wh Verbrauch eines Netzteils addiert. Aus diesem Wert ergibt sich ein geschätzter Jahresverbrauch von 6000 ${}^{kWh}/_{Jahr}$.

Da beim PBFT ausschließlich die Computerleistung genutzt wird und es für den Validierungsknoten in keiner Weise Sinn macht die normale die Standardleistung durch höhere GPU Leistung oder mehr Festplattenspeicher zu erhöhen, ist diese tendenziell maximal so hoch wie dem PoS Verfahren.

Tabelle 2 Quellenübersicht zur Herleitung des durchschnittlichen Jahresverbrauchs

	Geschätzter Jahresverbrauch (kWh / Jahr)	Quelle
PoW (Bitcoin)	$7,5*10^6$	(BitcoinEnergyConsumption 2018)
PoS (Cardano)	$5,7*10^3$	(Lohmann 2007)
PoA (Decred)	$104,2*10^3$	(Olszewicz 2017)
PoC (BurstCoin)	$6*10^3$	(Czarnek 2017)
PBFT (Hyperledger)	$\leq 5,7*10^3$	Ohne Quelle

Für den Gesamtvergleich wird die Wirtschaftlichkeit wie folgt bewertet:

- Sehr gute Ausprägung: $\leq 5{,}7*10^3\ kWh/Jahr$
- Gute Ausprägung: $5{,}7 - 10 * 10^3\ kWh/Jahr$
- Befriedigende Ausprägung: $10 - 100 * 10^3\ kWh/Jahr$
- Ausreichende Ausprägung: $100 - 999 * 10^3\ kWh/Jahr$
- Mangelhafte Ausprägung: $\geq 1000 * 10^3\ kWh/Jahr$

Die Betrachtung des Jahresverbrauchs der Konsenssysteme sollte nur als tendenzielle Angabe dienen, da extrem viele Variablen den Wert verändern können. Deutlich wird jedoch auf jeden Fall, dass beide Systeme mit Proof of Work Algorithmen einen vergleichsweise schlechte Wirtschaftlichkeit besitzen. Im Folgenden Kapitel wird nun nochmal die vollständige Betrachtung von Kapitel 4.1 bis Kapitel 4.3 zusammengefasst in einer Tabelle dargestellt.

4.4 Vergleichende Gesamtanalyse

Wie in untenstehender Tabelle zu sehen, hat jedes System seine Stärken und Schwächen. Proof of Work Systeme sind sehr gut gegen Manipulierbarkeit geschützt, jedoch existiert die Problematik mit den Mining-Pools und dem hohen Energieverbrauch. Systeme auf Proof of Stake-Basis hingegen haben und werden auch in Zukunft weiterhin mit der „Nothing at Stake" Problematik zu kämpfen haben. Proof of Capacity und Proof of Activity sind zwei aussichtsreiche Alternativen, die aber noch relativ jung sind und noch offene Fragestellungen im Bereich Wirtschaftlichkeit und Skalierbarkeit aufweisen. Das PBFT ist eine aussichtsreiche Alternative für den Konsens in geschlossenen Systemen wie einem Wertschöpfungsnetzwerk oder ein Bankennetzwerk.

Tabelle 3: Vergleichende Gesamtanalyse

		PoW	PoS	PoA	PoC	PBFT
Vertrauen in das System	Schutz gegen 51% Angriffe	4	3	2	2	4
	Vermeidung von "Nothing at Stake" Problematik	1	3	2	2	3
	Mechanismen gegen "Longe Range Attacks"	1	3	2	2	3
Skalierbarkeit und Performance des Netzwerks		4	2	3	3	1
Ressourcenbedarf und Wirtschaftlichkeit		5	1	4	2	1

5 Schlussfolgerung

„Consensus is the backbone of the blockchain and any other decentralized and distributed technology" schreibt Collin Thompson, der Mitgründer von Intrepid Ventures (Thompson 2016). Die Auswahl und die Implementierung des passenden Konsenssystems ist somit eine Schlüsselentscheidung bei dem Start eines Blockchain Projekts.

Als Entscheidungshilfe für die Auswahl des passenden Systems, sollten folgenden drei Fragen beantwortet werden:

1. Wie gut muss das System vor Manipulation geschützt sein
2. Wie ist die Skalierung des Projektes?
3. Wie hoch sind die benötigten Performancevoraussetzungen für das System?
4. Welcher Kompromiss kann im Bereich der Wirtschaftlichkeit gefunden werden?

Wie zu erkennen ist, befindet der Entscheider sich in einem typischen Trilemma zwischen Sicherheit, Performance und Wirtschaftlichkeit. Folglich müssen vor der Auswahl so viele Informationen über den Ist-Zustand und das Soll-Ziel gesammelt werden wie möglich.

Anzumerken ist zusätzlich, dass viele Technologien von dezentralen Konsenssystemen sehr jung sind im Vergleich zu etablierten verteilten Datenbanksystemen oder Zahlungssystemen. Außerdem ist die Entwicklungsgeschwindigkeit der Blockchain Systeme extrem hoch. Beispielsweise Arbeiten die Entwickler von Bitcoin bereits an der Implementierung des Lightning Network, wodurch sich die Probleme der Skalierung und Transaktionsgeschwindigkeit deutlich verringern. Diese Arbeit darf deshalb nur als Momentaufnahme gesehen werden.

Zur Vervollständigung muss abschließend noch erwähnt werden, dass es noch einige weitere Alternative Proof of Work Konzepte in der Praxis gibt, auf die im Rahmen dieser Arbeit aber nicht eingegangen werden konnte. Beispiele sind hierfür Proof of Capacity, Proof of Authority, Proof of Elapsed Time sowie Proof of Burn.

6 Literaturverzeichnis

Andrew, Paul (2018): *What is Proof of Capacity? An Eco-Friendly Mining Solution, zuletzt aktualisiert am* https://coincentral.com/what-is-proof-of-capacity/, zugegriffen am 01.10.208.

Asolo, Bisade (2018): *Proof of Work & Proof of Stake Explained.* Online verfügbar unter https://www.mycryptopedia.com/proof-work-proof-stake-explained/, zugegriffen am 24.09.2018.

Back, Adam (2002): *Hashcash - A Denial of Service Counter-Measure.* Online verfügbar unter http://www.hashcash.org/papers/hashcash.pdf, zugegriffen am 24.09.2018.

Badev, Anton; Chen, Matthew (2015): *Bitcoin: Technical Background and Data Analysis.* Online verfügbar unter https://www.federalreserve.gov/econresdata/feds/2014/files/2014104pap.pdf, zugegriffen am 21.09.2018.

Baliga, Arati (2017): *Understanding Blockchain Consensus Models.* Online verfügbar unter https://www.persistent.com/wp-content/uploads/2017/04/WP-Understanding-Blockchain-Consensus-Models.pdf, zugegriffen am 03.10.2018.

Bano, Shehar; Sonnino, Alberto; Al-Bassam, Mustafa; Azouvi, Sarah; McCorry, Patrick; Meiklejohn, Sarah; Danezis, George: *Consensus in the Age of Blockchains.* Online verfügbar unter http://arxiv.org/pdf/1711.03936v2.

Bentov, Iddo; Lee, Charles; Mizrahi, Alex; Rosenfeld, Meni (2014): *Proof of Activity: Extending Bitcoin's Proof of Work via Proof of Stake.* Online verfügbar unter https://eprint.iacr.org/2014/452.pdf, zugegriffen am 29.09.2018.

BitcoinEnergyConsumption (2018): *Bitcoin Energy Consumption Index.* Online verfügbar unter https://digiconomist.net/bitcoin-energy-consumption, zugegriffen am 29.09.2018.

BitFury Group (2015): *Proof of Stake versus Proof of Work White Paper.* Online verfügbar unter https://bitfury.com/content/downloads/pos-vs-pow-1.0.2.pdf, zugegriffen am 06.10.2018.

Blockchain Luxembourg S.A. (2018): *Hashrate Verteilung. Eine Abschätzung der Hashrate-Verteilung unter den größten Mining-Pools (4 Tage).* Online verfügbar unter https://www.blockchain.com/pools?timespan=4days, zuletzt aktualisiert am 06.10.2018, zugegriffen am 06.10.2018.

Buterin, Vitalik (2014): *A Next-Generation Smart Contract and Decentralized Application Platform*. Online verfügbar unter https://decred.org/research/buterin2014.pdf, zugegriffen am 12.10.2018.

Buterin, Vitalik (2016): *A Proof of Stake Design Philosophy*. Online verfügbar unter https://medium.com/@VitalikButerin/a-proof-of-stake-design-philosophy-506585978d51, zuletzt aktualisiert am 06.10.2018.

Canteaut, Anne; Chevallier-Mames, Benoit; Gouget, Aline; Paillier, Pascal; Pornin, Thomas (2008): *Shabal, a Submission to NIST's Cryptographic Hash Algorithm Competition*. Online verfügbar unter https://www.cs.rit.edu/~ark/20090927/Round2Candidates/Shabal.pdf, zugegriffen am 01.10.2018.

Castro, Miguel; Liskov, Barbara (1999): *Practical Byzantine Fault Tolerance*. Proceedings of the Third Symposium on Operating Systems Design and Implementation. New Orleans. Online verfügbar unter http://pmg.csail.mit.edu/papers/osdi99.pdf, zugegriffen am 03.10.2018.

Czarnek, Matthew (2017): *Why Proof of Capacity should be taken seriously (2015) – Reprint Part 2*. Online verfügbar unter https://www.burstcoin.ist/2017/06/20/why-proof-of-capacity-should-be-taken-seriously-2015-reprint-part-2/, zugegriffen am 08.10.2018.

Deirmentzoglou, Evangelos (2018): *Rewriting History: A Brief Introduction to Long Range Attacks*. Online verfügbar unter https://blog.positive.com/rewriting-history-a-brief-introduction-to-long-range-attacks-54e473acdba9, zugegriffen am 08.10.2018.

Dwork, Cynthia; Naor, Moni (1993): *Pricing via Processing or Combatting Junk Mail*. Advances in Cryptology (Crypto'92: Lecture Notes). Online verfügbar unter http://www.wisdom.weizmann.ac.il/~naor/PAPERS/pvp.pdf, zugegriffen am 06.10.2018.

Dziembowski, Stefan; Faust, Sebastion; Kolmogorov, Vladimir (2013): *Proofs of Space*. Online verfügbar unter https://eprint.iacr.org/2013/796.pdf, zugegriffen am 01.10.2018.

Gauld, Seán; Anconina, Franz von; Stadler, Robert (2017): *The Burst Dymaxion*. Online verfügbar unter https://www.burst-coin.org/wp-content/uploads/2017/07/The-Burst-Dymaxion-1.00.pdf, zugegriffen am 01.10.2018.

Gervais, Arthur; Karame, Ghassan O.; Capkun, Vedran; Capkun, Srdjan (2014): *Is Bitcoin a Decentralized Currency?* In: *IEEE Secur. Privacy* 12 (3), S. 54–60. DOI: 10.1109/MSP.2014.49.

Hypedadmin (2018): *Cardano ($ADA)*. Online verfügbar unter https://www.hypedoncrypto.com/cardano-ada/.

Kiayias, Aggelos; Russell, Alexander; David; Bernardo; Oliynykov, Roman (2017): *Ouroboros: A Provably Secure Proof-of-Stake Blockchain Protocol*. Online verfügbar unter https://eprint.iacr.org/2016/889.pdf, zugegriffen am 29.09.2018.

Kuo, Tsung-Ting; Kim, Hyeoneui; Ohno-Machado, Lucila (2017): *Blockchain distributed ledger technologies for biomedical and health care applications*. In: *Journal of the American Medical Informatics Association* 24. DOI: 10.1093/jamia/ocx068.

Lamport, Leslie; Shostak, Robert; Pease, Marshall (1982): *The Byzantine Generals Problem*. In: *ACM Transactions on Programming Languages and Systems* 4/3, S. 382–401. Online verfügbar unter https://www.microsoft.com/en-us/research/publication/byzantine-generals-problem/.

Lohmann, Guido (2007): *Stromverbrauch*. Online verfügbar unter https://www.pc-magazin.de/ratgeber/stromverbrauch-86543.html, zugegriffen am 12.10.2018.

Meiremans, Nick (2018): *Why Hyperledger Fabric?* Online verfügbar unter https://medium.com/coinmonks/why-hyperledger-fabric-1b1479d483b4.

Misiak, Marcus (2017): *Proof of Work vs. Proof of Stake. Erklärung und Vergleich*. Online verfügbar unter https://coin-hero.de/proof-of-work-vs-proof-of-stake/, zuletzt aktualisiert am 12.07.2018, zugegriffen am 24.09.2018.

Nakamoto, Satoshi (2009): *Bitcoin: A Peer-to-Peer Electronic Cash System*. Online verfügbar unter https://bitcoin.org/bitcoin.pdf.

Negin (2018): *Proof of Activity. Hybride Konsensalgorithmus*. Online verfügbar unter https://blockchainwelt.de/proof-of-activity-hybride-konsensalgorithmus/, zugegriffen am 01.10.2018.

Nguyen Giang-Truong; Kim Kyungbaek (2018): *A Survey about Consensus Algorithms Used in Blockchain*. In: *Journal of Information Processing Systems* 14 (1), S. 101–128, zugegriffen am 03.10.2018.

o.A.: *Decred Network*. Online verfügbar unter https://dcrstats.com/map, zugegriffen am 12.10.2018.

o.A. (2018): *PoS Cryptocurrencies*. Online verfügbar unter https://cryptoslate.com/cryptos/proof-of-stake/, zugegriffen am 29.09.2018.

O'Keeffe, Daniel (2018): *Understanding Cryptocurrency Transaction Speeds*. Online verfügbar unter https://medium.com/coinmonks/understanding-cryptocurrency-transaction-speeds-f9731fd93cb3, zuletzt aktualisiert am 10.10.2018.

Olszewicz, Josh (2017): *Decred Technical Analysis - Continuing upward momentum*. Online verfügbar unter https://bravenewcoin.com/insights/decred-technical-analysis-continuing-upward-momentum, zugegriffen am 12.10.2018.

Plazibat, Ante (2016): *Blockchain, mehr als nur ein Hype?* Online verfügbar unter http://www.ccsourcing.news/blockchain-mehr-als-nur-ein-hype-eine-einfuehrung-in-die-blockchain/, zuletzt aktualisiert am 10.11.2016, zugegriffen am 21.09.2018.

PoC Consortium Members (2018): *The Economy of Scale: Next Steps for Burst*. Online verfügbar unter https://www.burstcoin.ist/2018/06/23/the-economy-of-scale-next-steps-for-burst/, zugegriffen am 10.10.2018.

Poon, Joseph; Dryja, Thaddeus (2016): *The Bitcoin Lightning Network: Scalable Off-Chain Instant Payments*. Online verfügbar unter https://lightning.network/lightning-network-paper.pdf, zugegriffen am 10.10.2018.

Quibus (2017): *Technical information about mining and block forging*. Online verfügbar unter https://burstwiki.org/wiki/Technical_information_about_mining_and_block_forging, zugegriffen am 01.10.2018.

S., Jimi (2018): *Blockchain: how a 51% attack works (double spend attack)*. Online verfügbar unter https://medium.com/coinmonks/what-is-a-51-attack-or-double-spend-attack-aa108db63474, zugegriffen am 08.10.2018.

S3ndal3 (2018): *Proof of Stake FAQs*. Hg. v. GitHub. GitHub Repository. Online verfügbar unter https://github.com/ethereum/wiki/wiki/Proof-of-Stake-FAQs#what-is-the-nothing-at-stake-problem-and-how-can-it-be-fixed, zugegriffen am 29.09.2018.

Schlatt, Vincent; Schweizer, André; Urbach, Nils; Fridgen, Gilbert (2016): *Blockchain: Grundlagen, Anwendungen und Potenziale*. Fraunhofer-Institut für Angewandte Informationstechnik FIT. Bayreuth. Online verfügbar unter https://www.fim-rc.de/Paperbibliothek/Veroeffentlicht/642/wi-642.pdf, zugegriffen am 05.04.2018.

Schulte, Axel; Prinz, Wolfgang (2017): *Blockchain und Smart Contracts. Technologien, Forschungsfragen und Anwendungen*. Hg. v. Frauenhofer-Gesellschaft. Online verfügbar unter www.sit.fraunhofer.de/fileadmin/dokumente/studien_und_technical_reports/Fraunhofer-Positionspapier_Blockchain-und-Smart-Contracts.pdf?_=1516641660, zugegriffen am 05.09.2018.

Schwarz, Mark (2018): *Transactions Speeds: Which Crypto is the Fastest?* Online verfügbar unter https://www.abitgreedy.com/transaction-speed/, zugegriffen am 10.10.2018.

Scott, Andrew (2018): *Burst—Part 3: Proof-of-Capacity, The Green Alternative?* Online verfügbar unter https://hackernoon.com/burst-part-3-proof-of-capacity-the-green-alternative-8e2651211671, zuletzt aktualisiert am 17.01.2018, zugegriffen am 01.10.2018.

Strukhoff, Roger (2017): *Hyperledger Fabric's Chaincode, Practical Byzantine Fault Tolerance, and v1.0.* Online verfügbar unter https://www.altoros.com/blog/hyperledger-fabric-chaincode-practical-byzantine-fault-tolerance-and-v1-0/, zugegriffen am 10.10.2018.

Thompson, Collin (2016): *How does the Blockchain Work? (Part 2).* Online verfügbar unter https://medium.com/blockchain-review/blockchain-essentials-for-dummies-ba2d8851f1ca, zugegriffen am 13.10.2018.

Vechain Team (2018): *VeChain - Development Plan and Whitepaper.* Hg. v. VeChain Foundation. Online verfügbar unter https://cdn.vechain.com/vechainthor_development_plan_and_whitepaper_en_v1.0.pdf , zugegriffen am 01.10.2018.

Verhoelen, Jens (2017): *blockcentric #1: Konsens-Mechanismen der Blockchain.* Online verfügbar unter https://blog.codecentric.de/2017/10/konsens-mechanismen-blockchain/, zugegriffen am 29.09.2018.

Vermuelen, Jan (2016): *VisaNet – handling 100,000 transactions per minute.* Online verfügbar unter https://mybroadband.co.za/news/security/190348-visanet-handling-100000-transactions-per-minute.html, zugegriffen am 10.10.2018.

Voell David; Lu, Frank; Jagadeesan, Ram; Khasanshyn, Renat; Montgomery, Hart; Teis, Stefan et al. (2016): *An Introduction to Hyperledger.* Online verfügbar unter https://www.hyperledger.org/wp-content/uploads/2018/08/HL_Whitepaper_IntroductiontoHyperledger.pdf, zugegriffen am 03.10.2018.

Voshmgir, Shermin (2016): *Blockchains, Smart Contracts und das dezentrale Web.* Technologiestiftung Berlin. Online verfügbar unter https://www.technologiestiftung-berlin.de/fileadmin/daten/media/publikationen/170130_BlockchainStudie.pdf, zugegriffen am 10.09.2018.

Vukolic, Marco (2018): *Behind the Architecture of Hyperledger Fabric.* Online verfügbar unter https://www.ibm.com/blogs/research/2018/02/architecture-hyperledger-fabric/, zugegriffen am 10.10.2018.

Walters, Steve (2018): *Proof of Activity Explained: A Hybrid Consensus Algorithm.* Online verfügbar unter https://www.coinbureau.com/blockchain/proof-of-activity-explained-hybrid-consensus-algorithm/, zugegriffen am 08.10.2018.

XBCADMIN (2017): *Block Size And Transactions Per Second.* Online verfügbar unter https://www.bitcoinplus.org/blog/block-size-and-transactions-second, zugegriffen am 10.10.2018.

Yeow, Addy (2018): *Global Bitcoin Nodes Distribution.* Online verfügbar unter https://bitnodes.earn.com/, zuletzt aktualisiert am 12.10.2018, zugegriffen am 12.10.2018.

Zhang, Eric (2014): *Der 'Byzantine Fault Tolerance' Algorithmus für Blockchains.* Online verfügbar unter http://docs.neo.org/de-de/node/whitepaper.html, zuletzt aktualisiert am 24.09.2018.

Zohar, Aviv (2015): *Bitcoin: Under the Hood.* In: *Commun. ACM* 58 (9), S. 104–113. DOI: 10.1145/2701411.

BEI GRIN MACHT SICH IHR WISSEN BEZAHLT

- Wir veröffentlichen Ihre Hausarbeit,
  Bachelor- und Masterarbeit

- Ihr eigenes eBook und Buch -
  weltweit in allen wichtigen Shops

- Verdienen Sie an jedem Verkauf

Jetzt bei www.GRIN.com hochladen
und kostenlos publizieren